Philip Bartetzko
Jeder Moment
Gedichte

Bibliografische Information der Deutschen Nationalbibliothek:
Die Deutsche Nationalbibliothek verzeichnet diese Publikation
in der Deutschen Nationalbibliografie; detaillierte bibliografische
Daten sind im Internet über http://dnb.dnb.de abrufbar.

ISBN: 9783754345498
Herstellung und Verlag: BoD – Books on Demand, Norderstedt

Lektorat: Marta Kubis
www.martakubis.de
Satz und Layout: Emily Bähr
Coverdesign: Emily Bähr
www.emilybaehr.de

Philip Bartetzko

jeder moment

GEDICHTE

Für Olli

Inhalt

Jahrgang 1992

Den Übersteiger
Lernte ich auf der Straße.
Dort wo wir täglich
Fußball spielten
Wurde über 2pac gesprochen
Als wäre er ein Gott.
Und erst viel später
Als ich die englische Sprache
Und gesellschaftliche Fragen verstand
Die Straßen von Los Angeles gebannt
Mit eigenen Augen sah –
Wusste ich, wie besonders
Und wertvoll er doch war!
Denn auch als Fan von Shakespeare
Spürte er – das Ende naht.
Drum schrieb er Nächte durch
Und rappte – mit vollstem Herzen, laut.

Doch erst kamen wir in die Klassen.
Zuerst nervös, bald mit Freude.
Spielkarten wurden getauscht
Der Spielplatz voller Kinder.
Der Unterricht: wunderbar.
Besondere Atmosphären
Besondere Freundschaften
Die ein Leben lang halten sollten.
Nicht bei mir.
Ich lernte schnell
Wie Wilhelm Tell –

Das sagte Olli einst zu mir. –
War gerne da
Und motiviert:
Hielt ein Referat –
Die Dinosaurier in der Kreidezeit.
Bald war die Zeit für mich bereit
Eine Klasse zu überspringen.
Mit neuen, besten Freunden –
Eine Ära zu beginnen.

So ging es weiter
Abenteuerlich –
Doch schön und leicht.
Und dann, viel, viel später:
Jeder wollte studieren!
Alle wollten es probieren
Bereiteten sich vor.
Derweil spielte ich Fußball in Belgien
Mit größter Leidenschaft
Und Ambition.
Mit Träumen und Visionen.
Mit Hoffnung –
Und dem ersten Lohn!
Mit steigendem Druck –
Und einer Depression.

Danach, nach der Schulzeit
Die so einfach und leicht
Doch auch etwas unglücklich war
Teilten sich die Leute auf.
Die einen studierten motiviert
Und zogen nun weiter hinaus
In große, wilde Städte
Voller Träume –

Voller Einsamkeit –
Die auch mich sodann erreichte
Denn meine Jugendliebe reiste
Weit und fern –
Ich hielt am Sport –
Und nahm zahlreiche Jobs an …

Ein paar Wochen vor Weihnachten
Mit Anfang zwanzig
In ruhiger sinnlicher Atmosphäre
Setze ich mich
Seit langer, langer Zeit
Doch wieder ans Klavier.
Ein paar Stücke waren noch da:
Beethoven
Und Mozart
Und Bach
In meinem Gedächtnis wohl gespeichert
Und die Finger spielten doch
Spürte ich
Zu meinem großen Erstaunen. –
Und ich wusste
Ab diesem Moment
Der so überraschend
Wie magisch war –
Dass es jetzt an der Zeit ist –
Pianist zu werden.

Ich übte fortan
Täglich viel und gern.
In diesem leichten Neubeginn
Wo alles golden schien.
Schwere war mir fern
Schweben

Auf dem höchsten, hellsten Stern
Verbunden in Musik –
So wie's anfangs war.
So wie's wieder ist
Mit Klaviermusik
Des Virtuosen Liszt.
Doch auch: Mit Wunsch und Begierde
Nach den eigenen Klängen!
Fernab strenger Klassikwelt –
Frei zu fühlen –
Frei zu spielen, wie's gefällt.

Und auch zu schreiben!
Dieses berauschende Tun.
Zunächst geheim
Und doch so magisch!
Die ersten Zeilen –
Als ich bloß Anfang zwanzig war.
Als ich den hellsten Mond
Aus meinem Fenster sah –
Entstanden jene Gedanken
Die mich seit jeher treiben.
Seit jeher weilen sie in mir –
Nun teile ich sie ganz mit Dir –
Geheime Hoffnungen und Wünsche.
Doch was wird geschehen? –
Besonders wird es dann
Wenn man's eben teilt –
Nicht bloß im großen Kreis –
Lebendig werden so die Strophen!
Lebhaft wie geschriebene
Und meisterhaft gespielte Noten.
Und jedem kann es so viel geben!
Dauerhafte schöne Wirkung

Für all die neuen Wege –
Im einzigartigen Leben.

In dem ich
Sie eines Abends traf
Im musikalischen Hotel.
Ich
Jung
Unerfahren
Mit großen Träumen …
Geprägt von Kindheitshelden
Wie Jackie Chan.
Die Welt begangen
Mit größter Intention.
Dann erst viel später
Mit klaren Handlungen
Meinen Weg gefunden.
Alte Wunden
Noch präsent –
Um das neue
So leichtere Sein
Bewusster zu genießen?
Um Wege zu erschließen
Von denen ich wusste –
Dass sie doch möglich waren.
Es war immer alles da!

Und während ich dir jetzt schreibe –
Am Schreibtisch
Mit meinem violetten Füller –
Habe ich bereits viele Konzerte gespielt
Eigene Stücke komponiert
Und das geliebte Improvisieren
Endlich integriert.

Ich schreibe hiermit
Meinen dritten Gedichtband
Bei dem ich dir –
Falls du ihn lesen solltest –
Viel Freude wünsche!
Und doch
Bleibt die Unsicherheit
Das Zweifeln
Und die Fragen bestehen.
Das Leben:
Wohl großes Mysterium.
Wer weiß schon:
Was wird morgen geschehen?
Vielleicht
Weisen dir die Sterne den Weg.
Vielleicht
Reisen sie allein? –
Und es sind bloß die Gedanken, die ich heg
Dass eines Tages
Doch alles Sinn machen wird –
Und der Kreis sich schließt.
Jedoch –
Das Einzige
Was ich mit Sicherheit sagen kann:
Dass wir – schon bald –
Die Kinder von damals –
Dreißig werden.

Das weitere Leben

Weißt du, wer du bist? –
Oft wird es erst dann leichter.
Dein Streben
Deine Bewegungen seichter.
Reicher an inneren Schätzen
Wie ein antiker
Philosophischer Kreis. –
Wertvolle Erkenntnisse
In der heutigen Zeit –
Geprägt von Druck –
Vermisst du die Einfachheit?

Doch weißt du, wer du bist –
Wird es oft leichter.
Dass sich Freude und Zufriedenheit
Der ersehnte Erfolg –
Endlich einstellen.

Denn jetzt sehe ich auch Dich –
Ohne Illusionen – und viel leiser.
Doch mit großer Faszination
Für das –
Was unser gemeinsames Leben noch bereithält!

Am Strand

Die Zeichen sind klar:
Ich spüre sie in der Luft.
Feine Windzüge
Erreichen mich
Sanft
In der Morgendämmerung.

Gepaart mit frischem Duft
Von unendlicher Weite.
Von Hoffnung.
Von Harmonie.
Nackte Füße
Wandeln auf angenehmen
Kühlen Sand.
Die Brise des Ozeans
Belebt
Der verträumte Blick aufs Meer …
Natürliche Klänge
Fantasieren
Mit mutigem Vorausblick –
Doch auch mit Nostalgie.

Und so wandere ich
In diesen Morgenstunden
Mit eigener Melodie
Den menschenleeren Strand entlang.
Während der dunkle Himmel
Sich langsam aufhellt
Ein neues Farbenspiel beginnt

Und die rote Sonne
Mit ihren feinen Strahlen
Das Leben erweckt –

Hat meine Reise –
Wohl hoffentlich erst begonnen.

Selbstbestimmung

Selbstbestimmung:
Ein großes Privileg.
Nicht jedem wird es zuteil.
In der goldenen Jugend
Meist sorgenlos und frei
Wiegen andere Fragen schwer –
Zunächst das eigene Herz!
Liebe und Vertrauen
Ineinander
In die Welt.
Wer kann sich jetzt schon trauen
Die großen Pläne anzugehen?
Macht das Sinn? –
Schon hier?

Jugendliches
Freies Sein
Erinnerungen
Von denen man
Ein Leben lang zerrt.
Früh aufzugeben
Für den großen Weg?
Um in ferner Zeit
Glücklich zu leben –
Ist das Leben dann leicht?
Scheinbar
Mit großer Karriere
Bloß um festzustellen
Dass diese

Doch nicht ganz erfüllt. –
Doch erfüllt
In dieser magischen
Jugendlichen Zeit
Von einmaliger
Echter Leichtigkeit
Und träumerischer Utopie
Die sich wandelt
Mit der Dauer
Auf unserem Planeten.
Eine neue Härte:
Irgendwann wird sie bewusst –
Als erwachsener Mensch –
Vorher doch nie gewusst. –
Beginnt es also hier?

Das tiefgründige Nachdenken
Über das eigene Leben –
Über Selbstbestimmung –
Wann hast du's noch in der Hand?
Wann beginnt es?
Wann wandelt es sich in dir –
Und wann endet die Möglichkeit
Seine Zukunft
Nach eigenen Vorstellungen zu gestalten?
Glück und Sinn –
Ein tiefer Wunsch sich zu entfalten –
Wann bist du auf einem guten Weg?
Wann biegst du besser noch ab?
Wann bringt Mut dich noch voran?
Und wann –
Löst Ungewissheit dich ab sodann?

Auf tausend Fragen

Weiß ich keine Antwort
Hier allein
Dass jede tiefe Erfahrung prägt.
Und scheinbar jede Minute
Jede Bewegung am Ende zählt …
Doch Glück und Sinn
Für den Einzelnen:
Entscheiden darüber
Wohlmöglich nur die Götter? –
Und wenn es doch
In den Sternen geschrieben steht –
Können wir uns vielleicht so
Allein –
Auf unsere Gefühle verlassen?

Ein großes Gut

Sich zu bewegen
Seicht
Mit leichtem Gepäck
Zu reisen
Weit in höchste Sphären.
Mit glühender Leidenschaft
Mit glühendem Leben
Innerlich streben.
Doch allein der hellste Stern
Genug
Erfüllt mein Sein.
Stetig mehr erreichen –
Altes Credo
Göttlich rein?
Künstlicher Heldenglanz und Mut
Schwindet dann:
Wenn das Blatt sich wendet –
Der Erfolgsdruck endet.

Jetzt:
Kommt Reflexion.
Wirkt stark.
Wird bewusst
Wieder allzu gut.
Ach, Gesundheit –
Jetzt erkenn's –
Doch das größte Gut!
Sich zu bewegen
Seicht

Und überhaupt
Zu lachen
Und zu lieben
Weit bis in alle Sphären.
Weiter will mich nur noch nähren
Denn eins wird mir bewusst
Während ich in den leuchtenden Nachthimmel
schaue:
Allein das Universum
Bleibt ewig –
Und weiter bestehen ...
Den nächsten
Besonderen Moment –
Sollte ich –
Als Mensch –
Bewusst genießen.

Der erste Schnee

Feiner Schnee
Fällt herab
Friedlich rein
Und unschuldig.
Unberührt
Vom Himmelstor
Auf die weiten Landschaften der Erde.
Und wirkt aufs Auge
Und regt im Herzen.
Ohne Schmerzen
Für einen Moment –

Nehmen wir ein neues
Doch nostalgisches Bild wahr.
Wir selbst
Ganz frei
Und voller Glück.
Als wir die Natur
Draußen kalt
Und doch so warm
Mit großer Neugier
Und zum ersten Mal
Auf eigene Weise kennenlernten.
So leicht –
Wie göttlich das nur war.

Im Felde

Träume werden wahr?
Unendliches Streben
Nicht immer leicht.
Lebe äußerlich arm –
Innerlich reich.
Durchstreife das Grün
Erkenntnisse blüh'n.
Sie in meinen Armen
Spazieren am Teich.
Das Hohe –
Wirkt manchmal seicht.

Träume werden wahr?
Hartes Arbeiten!
Erinnern:
Was war mein's?
Im Sog der Äonen
Schärfen – mein wahres Sein.
Die innere –
Dann die äußere Welt. –
Durch den Nebel
Kämpft –
Und zeigt sich ein wahrer Held.

Doch all das
Schwindet
Und verliert an Bedeutung
Durch sie …
Wie nah war es gestern –

Das Göttliche
Hat mich verführt.
Wir lagen da
Draußen im Felde
Sie hat mich –
Mein Innerstes –
Meine wahren Träume berührt.
Dann Stille –
Und das Ganze –

Ich hatte es kapiert.

Glücksmoment im Grünen

Mit Orbitalgeschwindigkeit
Wie Reisende zu fernen Sternen.
Kann hier lernen
Kann mich nähren
Von göttlichen Sphären.
Hier, so unverhofft
Nähere ich mich
Der wilden
Und doch so sanften, ruhigen Natur
Erreicht mich
Sonne, Wärme, Lichtes Flut –
Mein Körper erfüllt
Von neuen klaren Gedanken
Vergangener starker Lebensmut
Kehrt zurück
Mit Leidenschaft
Mit Feuerglut.
Hier siehst du noch
Geheimnisvolle Sterne …
Sie tanzen und funkeln und leuchten
Und die Luft so sauber und rein.
Angenehme Stille
Und Klarheit
Und Reflexion –
Und neue Dankbarkeit
Die dir nun wieder innewohnt.

Das Leben:
Doch welch Magie und Zauber

Und Faszination –
In der Natur
Siehst du ganz die Schönheit –
Ist der Mensch
Hier wohl auf dem höchsten Thron?
Wo Glaube kehrt zurück
Mit Liebe ganz geschickt!
Und kein urbanes Leben
Kann dieses Glück mir geben.
Einmal mehr hat's mich gepackt:
Besonders
Wie das weite Meer
Silbern wie bei Vollmondnacht
Schwebe leicht im Endlosraum
Der mich so verführt! –
Bin ein Kind des Universums.
Hier lebe, strebe ich
Mein Herz –
Ist endlich neu berührt.

Glück und Natur

Feine Windzüge
In sanfter
Friedvoller Atmosphäre.
Leise nehme ich
In dieser reinen Sphäre
Die einzigen Klänge
Mit hellem Ohr –
Mit großer Neugier wahr.

Schillernde Vögel
Zwitschern
Singen auf ihrer Reise
Deren Freiheit
Zu fühlen –
Dann zu fliegen
Mich berührt
Und nachdenklich stimmt. –
Wo will Ich eigentlich hin?

Dann:
Reflektiere weise
Über unser göttliches Gut.
Im liebevollen Grün:
Fühl mich nahezu immer gut. –
Woher kommt das?

Solch Privileg
Und Glück und Genuss
Die uns allen

Zuteilwerden können.
Wir atmen hier auf, beseelt.
Wir sagen uns laut, ich leb.
Und scheinbar
Geht dies ewig weiter –
Und ewig wird er weiterschweben –
Oder etwa nicht?
Der blaue Planet.

Exoplanet

Wann war's noch ein Paradies?
Hier: auf so vertrauten Erden
Wo verträumte Augen
Blicken fasziniert zu Sternen
Deren geheimnisvolles Leuchten
Große Fragen erweckt. –
Doch noch stärker den Drang
Hier auf Erden sich zu sehen –
Wohlbehütet Wege gehen.
Gemeinsam leben.
Leben zu bestreiten
Und alle Herausforderungen
Offen, mutig anzunehmen.

Während wir aber gleichzeitig
Spüren, fühlen wer wir sind.
Bestehen bleibt starkes Sehnen
Ewig wohl nach Liebe und Vertrauen.
Doch woran halten wir uns fest –
Worauf können wir wirklich bauen?
Wenn dann in ferner Zeit
All die hellen, klaren Pfade
Wohl nicht plötzlich –
Sich verdunkeln –
Wenn wir der Erde
Alles nur noch egoistisch nehmen
Bis es nicht mehr geht –.
Und wir Menschen
Es nicht mehr sind

Die reisen –
Zum bewohnbaren Exoplanet.

Blick auf das Leben

Wir sehen funkelnde Sterne –
Und uns, doch so kleine Wesen –
Fasziniert von möglichem Leben
Erreicht viel Wärme.

Als Teil von etwas Großem.
Wobei keiner kann ahnen
Worauf doch weit hinaus im All –
Auf unbekannten Bahnen
Neue Sterne stoßen.

Wir sehen unsere schwebende Welt
Und wir hoffen –
Dass das Grün noch lange hält.

Bekannter Himmel
Neuer Blick nach oben
Kein gutes Gefühl.
Wilde Windstürme toben
Und mir ist schwül.

Haben wir doch endlich jetzt
Die große Relevanz
Genau eingeschätzt
Und zum Handeln erkannt.

Ich bin es selbst!
Ich kann viel tun!
Der Planet braucht Hilfe

Ich helfe –
Und hoffe das ist genug.

Gold

Gold –
Leuchtend hell
Wie Sonnenlicht
Glänzt es und scheint
Aus jeder Blickrichtung.
Aus allen Augen
Funkelt es
Wenn du's nur siehst.
Das Goldene –
Fantasiert ewig.

Von großen Pharaonen
Die ihr Heiligtum
So glanzvoll geschmückt
Erhellt, beglückt
Mit großer
Glänzender Faszination
Ihr Sein. –
Ihr Status – gefestigt.

Hin zu suchenden Abenteurern
Nach der Legende –
Einer ganzen Stadt aus Gold.
Trieb die Suchenden
Weiter in Gefahren
In Konflikte hinein. –
Mit Credo: sei mutig, wage.
Ungeachtet der Maya-Opfergabe
Marschierten sie durch ferne Länder

Ungebeten –
In fremde Kulturen ein.

Und weiter bloß
Im Rausch des Goldes
Strömten sie herbei:
Menschen auf endloser Suche
Geblendet
Von hoffnungsvollem
Ach so leichtem Schimmer.
Und doch so verzweifelt
Über Wasser
Über Land -
Nach Dawson-City –
Doch kaum jemand –
Kam hier und dort lebendig an.

So kommt der Mensch
Mit einseitigem
Nur auf sich bezogenem Blick
Zum leuchtenden Metall
Dem Gold –
Der Freiheit kaum näher –
Dem Leben nicht entgegen …
Bestehen –
Bleibt ewige Faszination!
Fluch –
Doch viel mehr Segen?
In Ewigkeit –
Nur Illusion.

Im Überdruss

Morgens öffnen wir die Augen
Und schon vor dem Mittag
So gewohnt
Und so verführt
Von tausend bunten Bildern
Voller Licht und Leben –
Voller Glück –
Stellen wir fest –
Dass wir alles haben
Und machen können –
Dass es überhaupt wohl alles gibt.

Doch ob dies
Meine Faszination
Meine Begeisterung
Für ach so kleine
Doch dann so große
Wichtige Dinge steigert? –
Ich habe mich dem einfachen Konsum
Ohne Ideen, Reflexion –
Dem Überdruss verweigert.
Doch mit tausend bunten Bildern
Werde ich täglich konfrontiert –
Ob man sich noch so verlieben kann?

Wenn Leben: vermischt mit Illusion.
Begeisterung: wechselt von Lohn zu Lohn.
Und potenzielle Partner
Wechseln ganz gewohnt.

Ist das noch Selbstentwicklung?

In diesen Zeiten voller Überdruss
Haben wir alles
Und doch nichts –
Und befreien
Kann man sich nicht mehr leicht.
Sucht und Glück
Machen große Firmen reich.
Die Sucht nach Glück
Eine gefährliche Richtung.
Wo wir hier
Oft keine echte Gefahr mehr kennen
Ist unser Streben
Hinsichtlich großer, kosmischer Bahnen
Nur ein kleiner Funkensprung.
Die Relevanz
Für die kleinen
Für jegliche Momente
Könnte unendlich größer sein!

Genießen:
Das tägliche, besondere
Und individuelle Sein
Mein neues, altes Credo
Verläuft simultan
Weiterhin zu tausend bunten Bildern
Mit denen ich
Täglich konfrontiert werde –
Und ich mich währenddessen frage:

Ob man sich so noch leicht verlieben kann?

Streben und Leben

Dort wo Leben blüht
Aus deinem Tiefsten glüht –
Möchtest mit dir rein –
Friedlich leben und sein.

Streben steht auf deinem Plan
Ohne Rast die ganzen Tage.
Um irgendwann zu leben schön –
An lange Arbeitstage sich gewöhnen?

Jedoch: geht die Gleichung auf
Mit Gewissen und Gefühl?
Dein Leben streng gebaut
Werden langsam wohl
Doch neue Impulse laut.

An all die Herzenslust musst denken:
Und wo ursprünglich
Liebe sollte Leben lenken
Herrscht nun doch ein anderes Gefühl.
Unerfülltes jetzt bewusst.
In der Nacht
Und ohne Zeit –
Spielt die alte Platte aus Vinyl.

Leicht

Sterne funkeln
Atmen
Hoffen
Lebe leicht.
Wieder Sonne
Strahlt so golden
Schenkt uns Wärme –
Allen gleich.

Das Meer

Aus der Ferne
Sehe ich schon das Meer.
Es funkelt golden
Und lockt
Mit verheißungsvollen Strahlen.
Die sanfte Luft
Erfüllt von Salz
Weckt goldene Erinnerungen
Ich kann es kaum erwarten.
Mich treibt die Sehnsucht
Und nun hinaus
Die Wellen schlagen
Wild
So wie mein Herz
An leichteren Tagen.
Ich nähere mich
Die Sonne brennt
Meine Haut
Erfährt die göttliche Wärme.
Ich blicke nach oben
Dann hinaus
In das weite, unendliche Meer –
Das Leben
Ergreift mich wieder
Fantasiert
Fasziniert
Ich laufe
Renne
Springe

Mit offenen Armen
In das lebendige Wasser
Das mich endlich –
Nach so langer Zeit –
Wieder aufweckt.
Mein Körper:
Leicht.
Meine Gefühle.
Meine Leidenschaft.
Funkelnde Sterne –
Alles wieder da!

Sommerleben

Wer wartet nicht auf ihn
Sehnsuchtsübervoll
Und voller Träume?
Auf den goldenen Sommer
Wo die wärmsten Strahlen
Leicht, so fein
Dich erreichen.
Beflügeln
Und verzaubern.
Dein ganzes Sein
Umhüllt mit Leben.

Nackte Haut
Schweiß
Bewegung
Berührung.
Ballspiele am Strand.
Und dann:
Am Abend
Bei sanfter Brise
Verlockendem Meeresduft
Und später in der Nacht
Zu zweit –
Verträumt
Verliebt
Den Sternenhimmel beobachten.
Analysieren –
Feststellen –
Wie einzigartig unser Leben ist.

Wie besonders schön die Liebe ist!

Und allein mit dieser
Natürlichen Erkenntnis
Den ganzen Sommer leben.
Losgelöst von sich
Und den Erwartungen der Alltagswelt –
Das sind die Momente
Die nicht nur wertvoll sind –
Hier leben wir!
Und nur das hat Bedeutung
Wenn man in jungen Jahren –
Den großen Sommer erhofft.

Sommerträume

An manchen Tagen
Wo das Träumen
So fantasiereich
So unendlich scheint
Sehnt man es herbei –
Mit ehrlicher Begierde.
Ein Leben: frei und wild
In bunten Farben
Mit leichten, warmen
Jugendtrieben
Die das tägliche Sein
So grenzenlos bestimmen.

Wäre bloß
Ein Zauberumhang mein.
Dann könnt ich es forcieren
Dann könnt ich:
Zaubern, fliegen, schweben.
Magisches erleben
Wie es mir beliebt.
Die Welt sehen –
Einst doch so geliebt
Und jetzt –
Ganz für mich
Und unabhängig sein.

Dann lass ich los
Und meiner Fantasie
Meinen Träumen

Freien, wilden Lauf:
Zu wolkenhohen Türmen
Sphären ich entschwebe
Wo keine Grenzen
Keine Zweifel seien. –
Wo das helle Glück ist mein.
Wo all jene Strömungen
Ragen golden so empor.
Mit weitem Flügelschlag
Stark und kräftig wie sonst Thor.

Dann endlich – lebe ich!
Mit ewigem Strahlen.
Solange bis die Sonne verschwindet
Und meinen Körper wieder verlässt.
Erst dann wache ich wieder auf.

Neue Hoffnung

Ein warmes helles Licht in dunklen Tagen
Dein Blick und deine Wärme lassen mich wagen
Das Leben mit erneuter Hoffnung zu begehen.
Nach dem großen Fragen, Zweifeln, Fallen
Sich an allerhöchste Sterne krallen
Wenn wir gemeinsam –
Unser wahres Leben – und die Erde sehen.

Flashbacks

Wie wilde Wellen
Getragen stark
Vom Nordwind, leicht.
Niemals endend.
Wohl immer da
In mir.
Und hier
Jagen sie mir nach
Mit ungewisser
Undurchsichtiger Bedeutung
Zuerst. –
Eine neue Strömung naht.
Vergangenes Leben –
Flashbacks gar nicht rar.

Manchmal mehr
Und manchmal weniger.
Vielleicht wollen sie mir etwas sagen?
Vielleicht muss ich doch mehr wagen?
Geleiten mich durch alte, vergangene
Meist glanzvolle schöne Tage
Lebhafte Zeiten –
Und so auch damalige Regungen:
Lebhaft
Die mir innewohnten.
Die nun erstarren.
Abstumpfen
Verschwinden
Und sich lösen.

Mein ständiges Schweifen
Zweifeln, wohl schuld
Dass ich den mir
Auferlegten Weg verlasse?
Dass meine einstig
Glühenden Wangen abkühlen –
Und ich verblasse?

Sind deswegen
Zur letzten Rettung meiner Selbst –
Die Flashbacks so omnipräsent?
Sie wirken noch leicht und leise –
Doch führen sie schon bald –
Nachhaltig zu mir?

Die Stadt der Engel

Der Abend
Beginnt gewagt
Mit einem Kickflip.
Eine warme Nacht
Voller Erlebnisse
Voller Leben
Leicht, ohne Ruhmesstreben
Kündigt sich an –
Mit Funkeln in den Augen.
Mit lokalen lauten
Hip-Hop Versen
Der Straßenpoeten
Über Gesellschaftsschmerzen.
Doch auch
Über neuen Mut
Dessen Botschaft in Bewegung
In großer Gruppe –
Mit trickreicher Fantasie –
Noch stärker wirkt.
Und zusammen:
Nur allzu gut.
Denn hier
In der brennenden Wüste
In den Straßen von L.A.
Ist das Leben meist leicht.
Die göttlichen Tore zum großen Glück:
Scheinbar für jeden offen.

Und alles begann
So ruhig im 18. Jahrhundert
Als wilde
Gleichwohl friedliche Hippies
Mit bunten Gitarren
Ein neues
Freies Lebensgefühl erschufen.
Ein Gefühl von Wir –
Und Leben nach eigenen Normen.
Berauscht:
Spürte man keine Sorgen.
Der Somabrauch:
Konnte dafür sorgen.
Und hier
In dieser grenzenlosen Stadt –
Atme frische Luft
Erblicke die Sterne
Und seh weiter nur hinaus.
Hier fühlst du dich geborgen.
Inspirationen
Lässt du freien Lauf.
Denn magisch ist hier alles!
Dieser Magnet
Von Erfolgsvisionen
Zieht jeden
Ach, so magisch an –
Von Jack Nicholson –
Bis hin zu Thomas Mann.

Und heute:
Aus allen Ecken
Tauchen sie deswegen
Mit endlosen Träumen auf
Und haben schon längst

Davon gehört:
Auch die weite Filmwelt
Jene, die so golden schimmert
Die am Anfang schwarz-weiß flimmert.
Sie erschließt sich hier.
Und sie gründet hier.
Und zu Beginn
Nutzten sie
Die Pioniere
Der späteren Traumfabrik
Den ewigen Sonnenschein
Und drehten erste Filme
In Studios ohne Dach –
Aber heute:
In unwirklicher Geschwindigkeit
In Überschall – in Mach
Wird produziert. –
Kunst wegen Kunst? –
Oder bloß doch:
Allein hohe Zahlen forciert.
Hier sprudelt es vor neuen Ideen!
Junge Schauspieler reisen an
Zu hoffnungsvollen Castings
Über weite Wege – weite Meilen –
Als letzte Möglichkeit
Die sie noch wirklich sehen.
Einer überzeugt. –
Die anderen müssen wieder gehen. –
Doch werden zum Trost
Von den guten Engeln aufgefangen …

So bleibt die Sehnsucht stets bestehen.
Doch nicht für jene
Die Minderheit in den Hollywood Hills.

Und hier
In den Straßen von L.A:
Können die reichen immer schöner leben.
Können immer weiter nach Reichtum streben. –
Und abends
Auf den unendlichen Partyboulevards
Ein buntes, freies, wildes Treiben.
Und nachts:
Wo Obdachlose
Fast das gesamte Straßenbild zeichnen
Werden die leisen Kontraste
Doch auch bewusst
Und immer lauter.
Diese Stadt:
Voller Utopie –
Und ganzer Dystopie.

Und ich
In jungen Jahren:
Hab mich noch nicht selbst verwirklicht –
Hab die Wirklichkeit noch nicht gesehen.
Auf dem Weg nach Santa Monica
Auf dem Fahrrad als Exot.
Abbiegen über rechts bei Rot
Allein auf weiter Flur.
Erlebte hier
Den Sonnenschein so pur.
Und neue Wege –
Neue Blickwinkel –
Und Ideen erschließen sich mir.
Neue Gespräche
Und Blicke und Augen
Doch dann:
Reflektierte über die Heimat –

Musste dann staunen –
So groß und schön
Und wertvoll
Wie mein Leben längst schon war!
Denn kein Ruhm
Und kein Hollywoodstern
Bringt mich dem wahren Leben näher!
Macht die hohe Liebe wahr. –
Und als ich endlich
Den Ozean
Den Strand
Die Promenade sah.
Den einzigartigen
So magischen Meeresduft vernahm –
Hatte ich von alldem
Noch gar keine Ahnung. –
Und habe bloß den Moment genossen.

Du bist das Leben

Du bist die wandelnde Faszination
Die Referenz für ein ganzes Universum
Das nur darauf wartet
Darauf hofft
Und dafür betet –
Zu höchsten Himmelssphären –
Dich, deine Magie, deine magische Schönheit
Dein warmes Lächeln
Deine klaren, sanften Augen
Endlich zu sehen! –
Deren Ausstrahlungen
Besondere Nächte der Leidenschaft
Der ewig Liebenden –
Allein
Mit göttlichen Gefühlen erweckt.

Du bist der Grund
Warum alle Hoffnung weiterlebt.
Das ersehnte, bedeutende
Funkeln und Leuchten –
In allen Augen noch besteht.

All das: liegt an Dir.

Sternschnuppe

Das große Leben!
Und ich –
Schulde dem Leben
Das Leichte in meinen Augen?
Sie staunen –
Du tauchst auf.
Beflügelst
Unsichtbare Flügel
Und vorausblickende
Vorausfliegende Sternschnuppen wirken:
Du machst sie wahr!
Das Göttliche in deinen Augen –
Mein Leben naht.
Laut
In mir
Fantasiert
Spielt
Fasziniert mal wieder
Mit schimmernden heißen Strahlen.

Die Sehnsucht nach dem Wahren?
Nach dir.
Utopische Bilder?
Du in meinen Armen –
Hartes Draußen
Raue Pflaster.
Das Leben: milder
Mit dir! –
Wo kommst du her?

Sternschnuppen
Fliegen vorbei.
Rasant
Rasch –
Völlig frei!
Und wir –
Mit bewussten Schritten
In die fortschreitende Vergangenheit? ...
Gemeinsam
Erfüllen wir unsere Träume?
Ein Traum –
Beflügelt neue Leichtigkeit!
Aus der Ferne:
    So kostbare Momente!

Sternennacht

Die Nacht bricht an
Musik noch laut
Im Jugendrausch
Verführt.
Hier lebt die Stadt
Pulsiert
Vibriert mit wilden Klängen
Grenzenlos und frei.
Wir, losgelöst
Mit derber Liebeslust
Und Leidenschaft dabei
Verfallen dem Moment.
Leben: wird geschenkt.
Wir laufen hin zum Strand
Und wilde Wellen schlagen
Geschickte Tänzer wagen
Ersehnen sich –
Und drängen hin zum Wahren!
Der ganze Erdball in Bewegung –
Hier nach Träumen jagen.
Hier leben wir hoch hinaus …
Es ist warm und leicht
Wir so reich
Wir springen ins Meer
Und rufen hoch zum Himmel:
Ich bin da –
Sie in meinen Armen.
Unter uns der Boden
Den wir dann verlieren.

Wie große Liebessagen
Verschwimmen ineinander
Wir in göttlichem Vertrauen.
Wir schauen herauf
Ins Universum.
Dann sehen wir uns –
Funkeln und staunen.

Tanzfläche

Belebte Körper
Bewegen sich leicht.
Erregt
Fliegen seicht
Schnell im Rausch der Zeit
Im energetischen
Stroboskoplicht zueinander.
Sie finden
Fühlen
Berühren sich –
Natürlich –
Und sexuell verführerisch reich.
Suchende kommen sich nah –
Tauschen sich aus.
Mit feurigen Blicken
Ziehen sich aus.
Und der Bass
Bebt weiter fürchterlich –
Elektrisiert die Menge
Bauscht sie auf.
Mit wildem Handgemenge
Mit Hochprozentigem, das fließt –
All das –
Hält die Tanzenden –
So frei –
Die im Moment verschwinden
Sich so geschickt
Von der Alltagswelt lösen
Weiterhin nicht auf.

Suche und Begierde
Sehnsucht wirkt wie Hip Hop laut.
Sichtbar in Bewegung
Erhoffte
Intensive Begegnung.
Starke, feurige Regung.
Nach dem wilden, rauschhaften Tanzen –
Ist die Nacht noch längst nicht zu Ende ...

In der Musik

Wir beide
Im Moment verbunden.
Unendlich weiter Ausdruck
Wirkt
In göttlicher Musik
Belebend
Elektrisierend
Neues Leben schenkend, laut
In mir. –
Und ich spür's –
Behalt's für mich allein.
Genieß die Ewigkeit.
Genieß mein eigenes Sein.
Frei
Als Teil lebendiger Schöpfung –
Wir alle.

Junge Feiernde ziehen vorbei
Draußen –
Liegen auf der Straße –
Treffen sich bei Bier und Wein.
Motorradfahrer rasen
Der Freiheit entgegen.
Scheinbar kaum den Grenzen
Der Freiheit aller Menschen erlegen.
Weiter präsentieren sich Leute
Verkaufen sich für Anerkennung
Und einen Platz in der Welt. –

Wer oder was ist cool?
Wer ein glänzender Held?
Langsam verdrängt von:
Wer bin ich?
Wer sind wir?
Und wo befinden wir uns eigentlich?
Während die Äonen
Nur so an uns vorbeirauschen –
Wie rasante, schillernde Sterne –
Die wir aber niemals festhalten können.

Doch dann lässt man los.
Folgt dem Instinkt
Fliegt nach Gefühl!
Und so kehre ich zurück
Zur Platte aus Vinyl –
Die mir mein Bewusstsein –
Mein Privileg bewusst macht
Und mich geradlinig
Verzaubernd
Mit Hoffnung –
Mit Gedanken ans Universum –
Zu dir führt.

Klavierklänge

Ein Meer voller Möglichkeiten.
Neue leuchtende Hoffnungen
Neue mutige Gedanken.
Doch nun auch:
Kein Zögern
Kein Warten
Und kein Rasten.
Gestern:
Noch auf dem Platz –
So jugendlich leicht. –
Und heute:
Bündelt sich meine Motivation –
Vermutlich nur noch an den Tasten. –
Ein anderer Traum lebt weiter –
Das Streben bleibt gleich.

Nocturne

Lebhaft
Elegant
Bewegen sich
Und fliegen Hände:
Mutige Berührungen
Wandeln sich zu Klängen
Die meinen Geist beleben
Über das Spielfeld schweben
Das sich Klaviatur nennt
Hinweg –
Und zeigen mir neue Wege auf.
Inspirieren leise
Sowie laut.
Vor allem:
Ein romantischer Triller
Im Nachtlied
Hat Nachklang in mir –
Und weckt mich auf.
Die Nocturne –
Verzaubert ewig.

Die Musik

Zuerst ist da die Aufmerksamkeit –
Dann das Interesse.
Etwas Neues – das dich verführt.
Mal faszinierend
Mal magisch
Mal ganz leise
Dein Innerstes so stark berührt.
Mal verschmilzt du
Und schwebst
Und lebst dann ohne Sorgen.
Dann genießt du
Und lebst –
Im Moment so ganz geborgen.

So rasend warme Klänge
So verzaubernd
Wirken nicht von dieser Welt –
Jene Gesellschaftsenge
Jener Druck
Sich selbst
Oder eine Rolle zu finden –
In dieser Melodie, entfällt.

Wenn du
Aus dir herauskommst
Und es spürst.
Was uns alle zusammen hält –
Was hat Wert?
Und was ist Leben? –

Glück und Hoffnung
Und bewegtes Sehnen.
Wenn du all das fühlst:
Dann hörst du Musik!

Und wenn du loslässt
Und wenn du's verstehst
Dann geleiten dich:
Mit neuen, hellen Hoffnungen
Kosmische Ströme
Das unantastbare Schöne
Das eigene, bewusste Sein
Hinüber
In göttliche Sphären
Wo nichts zählt –
Außer uns …

Wir müssen leben
Wird uns bewusst!
Und hier:
In Verbindung mit Musik
In einem eigenen Universum
Voller persönlicher Entfaltung
Gibt es vielleicht einen Anfang
Doch gewiss kein Ende. –
Und hätte ich all das schon gewusst
Eine philosophische Wende
Dass die Musik
Das Universum
Und die Liebe ewig weiterleben –
Wäre ich auf all meinen Wegen –
Doch so viel leichter gegangen …

Ehrliche Worte

Im inneren Orte.
Ehrliche
So wichtige Worte
Mit lautem Nachklang
Bleiben ungesprochen
So lebt man nicht auf.
Wohl wenn
Der Herzensklang
Den Harmoniekreis schließt –
Gehst aus dir heraus.
Und die hellsten Sterne
Wirken weit –
Weit bis zum Kosmos hinaus.

Liebeserlaubnis

Unabhängig der Eigenschaft
Des ach, so tollen Werdegangs
Hat Vorrang nur die Leidenschaft.

Lebendig wie der Vogelsang
Weckt mich auf nun ein Verlangen
Unabhängig von meinem Rang.

Will die große Kraft jetzt selbst erlangen
Und mich hingeben der Liebe gänzlich frei –
Und erleben – feurig-rote Wangen.

Tiefste Träume wirken hierbei.
Aus der wahren Menschenseele
Müssen wir – wie Menschen sein.

Wohl alle unsere irdischen Wege
Bündeln sich in Göttlichkeit –
Du machst sie wahr – und ich erlebe.

Berührung

Romantische Blicke
Funkeln mit magischem Hauch.
Verzaubern zuerst
Den geliebten Spiegel –
Auch mit weitem Blick?

Sie leuchten hell
Zunächst
Beflügeln, bis man erkennt –
Dass das Innere
Dein Selbst
Nicht vom Äußeren
Gar leicht und schnell
Oberflächlich gelenkt
Im wahren Gegenüber
Überhaupt nur Bedeutung hat.

Was hält
Hält dich fest
Im stürmischen Geschehen
Des lauten
Manchmal leisen
Doch echten Planetenkreisens
Auf gefestigten Bahnen?
Auf sicheren Wegen?
Und wo – Vertrauen gewinnen?

Auf kurzer
Planetarer Reise

Mit eitler Handlungsweise.
Treffen
Jemanden
Doch den Nächsten.
Und sich gegenseitig verzaubern
Kommt für einen Moment
Wohl noch schnell in Frage.

Denn die Geschichte –
Sie schreibt sich jetzt.
Sei du selbst – und wage!

Zu zweit gehen

Der leichte Duft
An sanften Tagen
Weckt Begierden.
Glück erfahren?
Wir probierten –
Uns zu nähern.

Ein Hauch von Romantik
Ein Hauch von Leben.
Ein Gefühl von Sicherheit
Das wir uns nehmen.

Doch verlassen wir
Diesen unseren Raum
Auch nur für einen Moment.
Wird es schwer
Bei all den Bildern
Ringsherum
Mit echter Hoffnung
Weiter noch nach vorn zu schauen –
Wir bleiben –
Gegenseitig abgelenkt.

Von der Außenwelt:
Will ich denn alles wissen?
Alles auch sofort verstehen?
Will Dich nicht vermissen
Und die Welt allein begehen!

Also kehre ich nun doch
Wohl zu Dir
Und Du zu mir zurück.

Dieses Leben
Es ist nur eins.
Dafür so echt –
Hat mich ganz entzückt.

Wenn ich dich seh

Nur losgelöst von dieser Welt
Nur deine Liebe, die mich hält.
Nur eisige Pfade vor meiner Tür.
Nur neue Aufgaben, die ich nicht versteh
Es strahlt so golden – wenn ich dich seh.
Dann lebe ich – und weiß wofür.
So bete ich – komm zu mir!

Nachtwanderung

Kometen
Fliegen
Mit Lichtgeschwindigkeit
Durch den unendlichen
Funkelnden Raum.

Sterne schweben
Am Nachthimmel leicht.
Sie beleben
Vergangene
Tiefe Träume.
Neue Hoffnungen
Durchfließen seicht
Meinen Körper.
Mein Gefühl sagt mir
In dieser angenehmen
Stille der Nacht –
Dass es sich lohnt
Weiter zu glauben.

Doch noch größer als das
Was ich denke
Was ich sehe:
Verlangen!
Nichts trägt es fort
Noch kann es schwinden in der Nacht.
Wie leuchtend Sterne
In weite Ferne
Des Alls reisen –

Unbeirrt.

Menschliche Wärme
Zuwendung
Ist das
Was unser großer Kosmos ist.
Was uns –
Und das Leben besonders macht.

In dieser sagenhaften Nacht
Wird doch so vieles
Mir wieder bewusst.
So eindeutig – und so klar.

Was hat im Leben
Wirklich Bedeutung?
Was hat Wert?
All das, fragte ich mich
Als ich mit ihr –

Den weiten Sternenhimmel sah.

Nachtmomente

Mit segnenden Düften
Erhebt sich die Nacht
Sie schimmert
Mit verheißungsvollen Strahlen.
Zuletzt:
Flog sie einfach vorbei.
Das Echte
In der unbekannten
Dunklen Ferne.
Während Sterne
Uns bewachen
Ist es jetzt soweit.

Ausbruch aus Routinen:
Unerfüllte Sicherheiten
Das tägliche Programm.
Und das Suchen
Nach neuen Gefühlen –
Treibt uns hinaus
Weiter hinein.
Wer bin ich?
Was bedeutet mein Sein?
Leise Fragen in der lauten Nacht

Und die Zeit entschwebt.
Einfach gelebt
In der Jugend war es leicht.
Ein vorsichtiger Blick
So seicht

Nähert sie sich.
Die einzige Erkenntnis:
Wir haben auch ein Leben
Abseits der Norm.
Das, was uns am Tage limitiert
Sollte uns –
In der unbegrenzten Nacht –
Und als Menschen –
Nichts ausmachen …

Utopische Gedanken?
Ich habe sie forciert.
Ich bin damit allein.
Wer spielt nur eine Rolle?
Wer schätzt sein wahres Sein?
Doch jegliche Gedanken schwinden
Entweichen in die weite Nacht hinaus.
Sie belebt
Und erregt.
Doch die Realität –
Zieht uns manchmal hinab –
Manchmal schenkt sie auch neuen Mut
Und neue Hoffnungen.

Denn wir sind nicht die Einzigen
Die auf der Suche sind
Die endlos streben.
Hier bündeln sich
Vergangene
Und neue Träume.
Vergangenheit
Und Zukunft
Treffen in Gedanken aufeinander.
Alles verschwimmt –

In einem weiten, scheinbar unbegrenzten Raum –
Ohne die ganz große Klarheit zu sehen …

Doch zum Glück
Ist sie jetzt da
Sodass ich wieder aufwache
Und den Moment –
Der so wichtig –
Wie auch vergänglich ist –
Leben kann.

Dank Dir

Gedanken
Rasen
Wild umher.
Vergangene Freuden
Ändern sich
Und neue
Echte Freunde
Fliegen
Nicht leicht daher.
Der Blick schweift umher.
Unruhige Wellen
Im stürmischen Meer
Über Atlantis –
Was bleibt bestehen?

Monde
Die sich
Manchmal heimlich
Über scheinbar
Sichere Planeten drehen.
Und jetzt
Für den Moment:
Was gewinnt
Kosmische Bedeutung
In mir?
Nichts von alldem
Was ich sehe
Ist interessant
Und gibt mir echten Halt.

Doch echter Halt –
Schwebt zu mir
Golden
Wie die klaren Reflexionen
Der endlichen Sonne
Auf der Oberfläche des Meeres.
Unendlich ist der Wert –
Von echter Liebe!

Dann erst merke ich:
Ich bin ein Mensch
Bewege mich auf Erden
Und dank Dir –
Sind all meine Wege –
Mit Hoffnungen verziert.

Dem Herzen folgen

Sein Innerstes zu erkennen
Und eigene Wünsche zu benennen.
Ein Traum, der niemals ruht –
Mit Liebe frei zu gestalten
Und selbst sich zu entfalten? –
Mit Glauben und mit Mut.

Erneut probieren

Ich glühe innerlich
Und gehe voran.
Ich strebe
Mit voller Energie.
Ich plane, mache, werke
Immerzu mit Herzen.
Sehe jedes kleine Licht auch brennen –
Der Glaube meine Kerze.
Ich schwöre mich ein
Bin stetig motiviert.
Und doch:
Ich scheiter – und grein –
Hab alles schon probiert.

Jedoch:
Verfalle ich nicht in Trance.
Denn morgen schon
Erweckt das Licht erneut das Leben.
Ein neuer Moment –
Und hier kommt meine Chance.

Wieder und wieder.

Neuer Füller im November

Unerwartet
Lyrisch in der Nacht.
Ein Blick –
Lyrik – sie erwacht.
Im Moment verschwinden.
Große Wahrheit selber finden.
Selbst befassen
Die Umgebung – mein Sein?
Tief in Gedanken
Mit Ausdruck
In Wort und Schrift.
Niederlegen
Und erfassen.
Unsere Welt
Eine eigene Botschaft? –
Letzter Feinschliff.

Flucht der Oberfläche

Hinfort zieht mich großer Drang der Freiheit.
Konfrontation mit Rechnungen gleicher Einheit.
Wohin um mir Unbekanntes zu erleben?
In Zeiten wo jeder nur nach Status ächzt
Und keiner mehr das Relevante schätzt.
Welches Abenteuer – kann mir dieses Leben geben?
...

Logos und Traum

Wenn Logos dominiert den Traum
Wie dem eigenen Glauben vertrauen?
Erwachen als Held
Ein leises Verlangen
In dir zart wie Linden –
Einen Platz in der Welt zu finden?
Das wahre Selbst – mit großen Belangen.

Bei sich sein

Wenn das Leben rauscht so umher
Rasch, undurchsichtig, schwer –
Die Suche, der Blick, die Hoffnung
Im Gegenüber vom größten Wert? –
Oder gewinnst du das Spiel –
Auf langer Strecke stolz und fair –
Mit endlosen Taten als eigener Herr?

Die Faszination

An manchen Tagen
Die uns trüb erscheinen
Wenn wir allein wandeln
Gedankenvoll umher.
Von Straße bloß zu Straße –
Bei gefühlter Stase –
Ohne funkelnde Sterne zu sehen
Bleibt unsere Sehnsucht wohl bestehen!
So schauen wir weit hinaus
Und schauen bloß weiter in die Ferne –
Nur dass sich nichts bewegt
Keine Hoffnung – keine Wärme.
Liebevolle Sphären
Von ihnen kann man sich nähren
Bleiben aus? – Du bleibst allein

An diesen Tagen
Wo nur wandelt unser Sein.
Ohne klare Augen
Ohne Gegenüber
Wiegt jene Bedeutung schwer:
Nicht groß und weit zu denken
Nicht jegliches zu lenken.
Sich begeistern zu können
Für kleine Sachen.
Über kleine Sachen zu lachen.
Und Faszination und Freude und Magie
Bei täglichen Bewegungen zu sehen –
Hier beginnt das Glück –

Nachdem wir uns wohl alle sehnen…
So hoffe ich nur
Dass ich meine Fähigkeit
Mich zu begeistern –
Und mich faszinieren zu lassen –
Ein Leben lang behalten kann.

Blick auf die Skyline

Tausend Lichter brennen
Leuchten in der Nacht.
Als distanzierter Beobachter
Aus sicherer Entfernung
Nehme ich ein nimmer endendes
Hellwaches Schauspiel wahr
In dem jeder Protagonist
Harmonisch –
So scheint's –
Seine Rolle –
Und sein Leben kennt.

Erkenne aus der Ferne:
Leben!
In ständiger Bewegung.
Ohne Ruhepuls das Sein. –
Nachtschwärmer
Schwärmen aus –
Kehren scheinbar niemals Heim. –
Denn tausend Lichter brennen
Leuchten, funkeln in der Nacht.

Und Stille –
Erkenne ich bloß in mir.
Distanz
Für sich sein
Sind wichtige Ruhemomente? –
Sind bloß Illusionen von Sicherheit? –
Oder habe ich meine Rolle

Einfach noch nicht gefunden?
Denn doch:
Verweile ich nur hier.
    In der Ferne.

Allein im Park

Von außen betrachtet wirkt es harmonisch:
Junge Menschen – mit leichtem Habitus –
Ziehen vorbei
Bierdeckel prallen auf die Erde
Laute Musik
Ein seichter Blick
Gleitet zu mir hinüber
Elektrizität für einen kurzen Moment –
Und leise Hoffnungen –
Bis sie ihre Gruppe findet.

Im Park: bin ich allein.
Im Park könnte Gesellschaft sein.
Wie sieht der seichte Blick
Wohl später aus?
Wohl dosiert
Ist unsere Gruppendynamik rein.

Es riecht nach Freiheit
Dieses leichte, wilde
Und ungebundene Treiben.
Trügt der Schein?
Als stiller Beobachter
Bin ich doch auch
Ungebunden und frei
Wird mir bewusst –
Doch was mache ich bloß damit?
Irgendwann – bricht doch der neue Tag an …

Interaktion meinerseits:
Füller mit 'nem Blatt Papier.
Bin doch gar nicht dafür hier
Denke ich in jener Sekunde
Doch macht es wohl keinen Sinn
Weiter zu hoffen
Und zu denken
Dass irgendjemand
Außerhalb der Norm agiert
Während ich schließlich doch
Ins Schreiben versinke –
Und glücklich abtauche –
In eine offene Welt …

Unterwegs

An lebhaften Gruppen
Der bewusst Lernenden
Welche das Leichte
In frischer Morgenluft
Mit tanzender Bewegung
Wieder und wieder schätzen
Und genießen –
Ziehe ich vorbei.

An Einzelkämpfern
Welche mit ernstem Blick
Den Tag nur allzu früh
Mit Handwerksgeschick
Gar nicht so leicht
Und dennoch beginnen –
Fahre ich vorbei.

Die programmierende Rettung
Technisch modern, versiert
Schaffend von zuhause.
Die Rückendeckung
Und den Einsatz
Aller helfenden Kräfte
Die pflegen
Unterstützen, helfen
In Schichten ohne Pause
Beobachte ich
Mit fragendem Gesicht –
Angestrengt –

Durch
Die aufgebaute Gischt

Auf der Straße
Wo Leben schnell kollidieren
Und Philosophien
Sich manchmal ungewollt
Doch stark begegnen.
Als Einzelner taucht man leicht ein
Ins temporäre Geschehen.
Nur um ohne Gemeinschaftsgefühl –
Auf der Straße weiterzugehen.

An Lebendigen
Sich bewegenden
Oft natürlichen Wesen
Die schwebend
Aus der Vogelperspektive
Das bemühte Treiben
Hören und sehen –
Und vielleicht sogar verstehen? –
Bin ich selbst
Derjenige, dessen kleiner Punkt
Mit ungeklärten Fragen –
Weiterzieht.

Bildungsweg

Was wird gelehrt?
Was wird bald wichtig sein?
Was wird verwehrt?
Was wird verborgen bleiben?

Parabeln, Zahlen, Formeln
Kurven und mathematische Normen
Für ein Drittel interessant. –
Ein kleiner Kreis gebannt.
Wird wohl ein Gelehrter –
Speziell für sie entsandt?

Talentierte tappen im Dunkeln
Und nicht bloß das –
Eine Gemeinschaft
So sollte es sein in der Klasse
Mit spielerischer Konkurrenz.
Doch hier
Von Neid und Missgunst gelenkt.
Wir
Erzogen, angelernt, trainiert.
Zeitgemäßes Lernen:
Nicht forciert –
Und nicht mal ausprobiert.

Der Einzelkämpfer wird es richten? –
Das Dunkel in der Zukunft lichten?

Studierende machen sich Sorgen –

Denn sie studieren
Wohl nicht die Fächer von morgen.
Neue Fluten
Strömen gefährlich durchs Land.
Welche Stadt wird als nächstes
Zum neuen Atlantis ernannt?
Und wir – in der Zwischenzeit –
Haben erstmal den Master erworben …

Was wird bald wichtig sein? –
Wohl Sinn in der Aufgabe
Und Eigenmotivation
Und menschlicher Verstand!
Vor allem: Empathie! –
Doch wie wird's gelehrt?

Mit Nostalgie
Ziehe ich durch die Straßen
Im Dunkeln, in geheimer Nacht.
Wie Dr. Fabian hat's gemacht.
Sehe den Wandel der Zeit
Menschen stehen bei Grün an Ampeln
Lächeln in ihr Smartphone
Haben wohl ewig Zeit.
Arbeiter – nach Feierabend –
Debattieren feurig
Und trinken und fluchen.
Junge Pärchen suchen
Herz und Ewigkeit.
Studierende spielen Trinkspiele
Nur damit jeder trinken kann.
Sucht: wenigstens mit Gesang.
Der philosophische, kleine Kreis
Bleibt ungeachtet.

Beachtet: nur nackte Körper
Soziale Plattformen
Ohne Bezug zur Wirklichkeit.
Soziales Miteinander
Das man braucht
Sieht wohl anders aus
Denke ich
Und ziehe weiter durch die dunklen Straßen
Unbewegt.

Dazu kommt:
Technischer Fortschritt
Technologie.
Umso mehr wird's wichtig sein. –
Liebe zum Leben und Empathie!
Doch dies alles:
Bloß Gedanken meiner nächtlichen Wanderungen.
Der Mensch ist der Mensch
Und Verlangen bleibt Verlangen.
Glühende rote Wangen
Feurige Lippen
Berührungen, die man braucht
Ein Blick, ein Gefühl
Auf einmal steht sie da
So wie ich, bereit
In stillem Einverständnis
Zu flüchten – und zu lieben.
Und ein neues Bild
Fesselnd wie leuchtendes Gold
Rückt wieder alles in den Hintergrund –

Während der Spaziergang
Sich vielleicht doch noch gelohnt hat. –
Irgendwie.

Ich mich aber währenddessen
Die ganze Zeit frage:

Was wird gelehrt?
Was wird bald wichtig sein?
Was wird verwehrt?
Was wird verborgen bleiben?

Auf dem Platz

Mit einem Bass
Welcher gewaltig
Wie lauter Donner
Über die vollen Ränge
Und über den Platz fegt
Elektrisiert –
Marschieren die Spieler ein.

Flutlicht an.
Jeder im Rausch.
Jeder im Bann!
Faszination und Spielfreude
Schnell gesteigert
Innerlich getrieben.
Wenn der Anpfiff ertönt
Der Ball endlich rollt
Und der erste Übersteiger
So brasilianisch
Mit Bravour gelingt –
Beginnt die Show –
Nach der jeder verlangt.

Doppelpass hier
Finte da.
Flanke scharf in den Strafraum rein.
Keeper wach
Springt und fliegt
Durch die Lüfte
Sicher im Moment des Seins.

Weiter rollt der Ball
Gespielt mit viel Geschick.
Außenrist
Brustannahme
Hackentrick.
Und in jeder Lage
Bei Bedrängnis
Ein Mitspielerblick.

Der Kapitän als Leader
Dirigiert in seiner Rolle.
Und immer wieder
Mit Zinedine-Zidane-Rolle
Glänzt er, lenkt
Und treibt das Geschehen an
Mit großer Intelligenz.

Außenlinie
Steiler Pass
Die Linie lang.
Annahme
Mit Okocha
Über'n Mann.
In den Sechzehnmeterraum
Gefährlich rein.
Ein Blick.
Hartes Grätschen.
Der Fall, ein Pfiff.
Elfmeter!
Freudenschrei.

Langer Anlauf –
Und wie ein Star.

Technisch klar.
Lässiger Panenka.
Doch nun –
Bleibt der Keeper stehen.
Doch noch ausgeglichen
Ist das Spielgeschehen.

Weiter Wurf
Rasch zur anderen Seite.
Mit schnellem Spiel
So wie's dem Publikum
Besonders gefällt.
Nun, überraschend
Mit Technik
Fein, brillant.
Flanke aus dem Halbfeld
Locker, elegant.

Alle Menschen
Groß und klein
Und auf ganzer Tribüne verteilt
Halten jetzt den Atem an.
Mit allergrößter Spannung
Folgen nun dem Ball
Alle Augen, ganz gebannt
Und sehen
Wie elegant
Setzt jemand –
Zum Spektakulären an.

Herzensfreude
Tränen
Jubelschrei.
Völlige Ektase

Und gefühlt
Das ganze Stadion
Tanzt und singt im Chor.
Göttlich anmutig
Diese Bewegung
Dieser Trick!
Ein Fallrückzieher! –
Und der Ball –
Landet jetzt im Tor.

Beethoven im Biomarkt

Mürrisch
Betritt er den freundlichen Laden.
Er muss seinen Geist aufladen.
Sein Talent
Seine Last
Lebt in ihm
Fordert ihn:
Ohne Rast.

Er braucht
Kurkuma schnell zum Komponieren!
Ein Ingwershot um Kreativität zu forcieren
Und will das Erbsenprotein –
Auch nochmal probieren –
Für den Kaffeehochgenuss
Schreibt er geschickt aus einem Guss.

Erst dann
Ein leichtes Lächeln
Als Ludwig Van
Den Korb befüllt.
Wahrlich dran
Als er daran denkt:
Neue Sonate
In alten Glanz gehüllt.

Doch jetzt
Große Hektik!
Ludwig schaut nun auf die Uhr.

Ludwig, muss er denken –
Zeit für Symphonie in Gis-Dur!

Mit viel zu rascher Bewegung
Dreht Ludwig sich um
Das war nicht im Plane.
Bei all den Partituren im Kopf –
Er vergaß –
Hielt er noch die Aloe Vera
Fest in seinem Arme.

Des Azubis erster Tag.
Und schon die Dornen
Des großen Meisters
Auf der Nase.

Blut im Biomarkt!
Beethoven ist es schuld!
Die Kunden empört. –
Sie verlieren die Geduld
Rufen:
„Was für eine widerliche Dreckssau." –
Doch er findet kein Gehör …

Rasch
Auf dem Weg zur Kasse
Er ist geladen.
Doch nun –
Wie soll Ludwig denn dies
Auch noch ertragen?

Eine kilometerlange Schlange
Die sich jetzt zeigt
Die erstmal so bleibt.

Er tobt, wütet, flucht
Und fuchtelt jetzt wild mit den Armen.
Diesen Rhythmus mag er nicht –
Und möchte im Sechzehnteltakt bezahlen.

Ein kleines Kind hat Angst
Die Mutter besänftigt:
Das ist Beethoven –
Komponist und Dirigent –
Er probt in diesen Tagen.

Doch jetzt endlich.
Eine neue Verkäuferin erscheint
Und Ludwig traut seinen Augen nicht.
Es ist – Elise!
Er wartet in der Schlange –
Wohl doch mit fröhlichem Gesicht
Und summt die neue Melodie –
All die Klänge nur für sie!

Fröhlich packt er seine Waren aus
Mit Biowürsten kommt er hoch hinaus!
Er legt sie aufs Band
Und ganz elegant
Sagt Ludwig, sanft:
„Ich liebe dich Elise.
Ich trage dich in mir –
Und mit mir stets wie mein Gewand".

Ihre Augen leuchten, funkeln stark.
Die Wangen rot, die Lippen feurig.
Ein Blick, Augen treffen sich
Intensiv. Die Zeit steht still.
Gespannte Stille.

Elektrisierende Gefühle.
Endlich spricht sie und fragt: –
„Haben Sie eine Payback Karte"?

In diesem Moment
Völlig erschrocken
Und starr —
Schneidet sich Ludwig
Selbst an der Pflanze blutig
Und schreit:
„AAHHHHHHHHH".
Seine Stimmung sinkt nun
Zum Mondscheinsonatenlevel.

Er schreit laut auf
Bewegt sich umher.
Schleudert die Pflanzen
Mit unbändiger Wut herum –
Und trifft Elise mitten ins Herz.

Sie ist nicht begeistert.
Und völlig bekleckert –
Ruft sie den Kaufhausdetektiv Eckhard.
Dieser sprinter schnell heran
Und setzt zum ultimativen Kopfsprung an. –
Ludwig schaut nun völlig bang –
Und macht sich besser schnell von dann'.

Ein letzter Blick?
Beethoven dreht sich um
Und schaut Elise
Noch einmal ganz tief
In die Augen. –
Ist die Hoffnung doch nicht ganz verloren? –

Steigt er wohl noch auf zu Göttertoren?
Zusammen mit ihr?

Er blickt zu ihr, sagt:
Besuche mich doch mal. –
Mit ein paar Bio-Trauben. –
Ich fiedel für dich:
Die Bagatelle in A-Moll –
Und versetze dich
Noch heute Nacht ins Staunen.

Farewell.

Wirken lassen

Wir müssen leben
Und Leben wirken lassen.
In uns sein
Und auch den Schmerz zulassen.
Keine Furcht vor Selbsterkenntnis –
Keine Zweifel an dunklen, scheinbar lichtlosen Tagen
–
Die Hoffnung, die im Inneren begründet ist –
Die Faszination, die uns nicht loslässt
Kann uns durch den Nebel tragen. –
Große, wilde Liebessagen – welche die Zeit anhalten
Während andere Sterne auch den Raum durchkreuzen
Funkelnd unbeirrt – hat das Göttliche uns anvisiert?
Erleben wir in neu erwachenden
Längst vergessen Gefühlen neue frische Lebenslust.
Wie geheimnisvoll – wie Träume halt so sind –
Kein verharren mehr im alten Glück.
Rauszugehen – wieder und wieder – und feurig
erleben
Ist ein Sinn – eine Kraft, von der wir zehren.
Wann können wir frei gestalten?
Wann können wir alle Liebe wirken lassen?
Wir sollten bewusst denken – und leicht fühlen –
Dann wird das Leben uns zu uns führen.

Dankbarkeit

Im Orbitalrausch
Der fliegenden Zeit
Die wir niemals festhalten können
Sehe ich die vielen neuen Bilder
Die mein Leben sind.
Jetzt, als Erwachsener
Wo früher
Sanfter und milder
Mein Leben
Mein Sein:
So leicht.
Zeit war immer da –
Für Gemeinsamkeit.
Reichte weit hinein
Bis in die Unendlichkeit.
Mit göttlichen Gefühlen
Mit Faszinationen
Welche die ganzen Wochen ausfüllten.
Erfüllt von Magie
Die nun wiederkehrt –
Mit Nostalgie
Lausche fernen Klängen
Bringen mich zurück
In jene Anfangszeit.
Wo ich immer das Leben sah. –
Umgab jegliche Sphären.

Jetzt
Als Erwachsener

Wo Gedanken werden ernster
Und Bilder werden grauer.
Im Orbitalrausch
Der fliegenden Zeit
Erkenne ich den Wert
Der Dankbarkeit –
Und der kleinen Momente.
Dankbarkeit lehrt Lieben lernen.
Muss ich also
Wenn ich schau zu weiten Sternen –
Den schillernden mit Sehnsuchtsschweifen –
Das Schöne im Moment ergreifen?
All das warme Leben sehen
Was mich doch umgibt –
Wenn ich hinsehe ganz genau.
Deine Augen – unser Staunen
Wenn ich mich öffne
Wieder ganz der großen Welt.
Erkenne neue Wege –
Hoffnung, Mut und Glück –
Und kann mich doch nun fragen.

Welche besonderen Momente stehen mir noch bevor?

Im Moment

Die Gegenwart verändert sich
Rasant vor unseren Augen
Welche täglich neue Bilder sehen.
Wir sehnen uns nach dem Wahren –
Wollen täglich neues Glück erfahren
Welches sich schnell zeigt
Ohne Mühen, leicht
Im digitalen hellen Raum. –
Doch überträgt sich damit auch
Scheinbare Bewegung –
In realer Segnung?
Tiefes Glück in Wirklichkeit? –
Illusionen von Einfachheit?
Verdeckt den langen
Und bedeutenden Weg.
Und wertvolle Zeit für sich
Für Kreativität –
Im Widerspruch zur Sucht –
Nach glanzvoller Realität?

Bewegt sich wirklich viel
Auch hier im Draußen?
Hier, wo wir uns begegnen
Wo wir noch verletzlich sind –
Weichen Problemen aus geschwind.
Wohl hoffen auf Berührung
Reißender Gefühle!
Letzte Nacht –
Allein der Mond

Schien silbern sacht
Sie bewegte sich erregt –
Ich lebte gänzlich auf.
In mir melodisch laut
Ihr Rhythmus und mein Rausch …

Und lauter –
Wird so die Bedeutung
Die Relevanz der Gegenwärtigkeit
Des Moments
Im Bewusstsein
Vergangener Äonen.
Herzensregung
Soll mir innewohnen
Am liebsten in Unendlichkeit.
Ohne Sorgen gänzlich frei.

Ich lebe auf der Erde.
Wer von euch – mit mir?

Jeder Moment

Es scheint
Als halte das Leben
Unendliche Prüfungen
Für uns bereit.
Eine niemals endende Lernkurve
Verlangt von uns
Reflektiertes Sein
Und weiter immer streben.
Wohl auch an dunklen Tagen
Wo Zweifel an uns nagen.
Nicht leichter nachzufragen
Wohin – geht die Reise?
Welche Erkenntnis –
Macht mich schnell noch weise?

Doch welches Leben
Führt geradlinig zum Ziel?
Ohne rauf und runter
Hin und her.
Unsicherheit:
Beängstigend wie Dementoren.
Sanfte Klänge in meine Ohren.
Temporäres Schweben
Phantasiereich leben
Ursprünglich, klare Gedanken
Konfrontiert
Mit grauer, nebeliger Wirklichkeit.
Flucht in eigene Sphären
Von Lust und Liebe nähren.

Für einen ewigen Moment
In friedvoller, stiller Nacht verweilen –
In jenem
Unantastbaren Kosmos
Spüren
Dass jede Sekunde
Jede Bewegung
Auch diese
Besonders und magisch
Doch endlich ist –
Und deswegen
Steigt ihr Wert
Ihre Bedeutung
Ins Göttliche –
Wohl –
Ins Unendliche.

Nachts am Strand

Noch leise rauscht das Meer.
Ohne Einklang
Zu lauten Sehnsüchten
Über den weißen, klaren Strand
Hinweg –
An dem wir uns gefühlt
So urplötzlich trafen.

Sofort ist klar
Welches Herz
Auf endloser Suche ist.
Die Uhr schlägt zwei Mal.
Und mein Herz pocht mehrmals
Während funkelnder Augenkontakt
Anhält und fortbesteht. –
Ihr Leuchten – elektrisiert
Und hält mich wach.
Bis wir nun umgeben sind
Von heller Morgenröte.

So entweicht die Nacht
Gänzlich ohne Nöte.
Sie selbst hat kein Verlangen.
Jegliche Gedanken
Der rauschhaften Zeit
So privilegiert und klar
So intensiv
Hatten mich empfangen
Sollten nur hinaus!

Hätten stark gewirkt
Im Gegenüber:
Vermutlich weit und laut –
Vermutlich im selben Haus
Wäre es –
So magisch wie Beschwörungszauber –
Magisch nur geendet.
Doch Gedankenimpulse:
Befreiend – und wegweisend –
Bleiben unausgesprochen.
Bleiben nur allein.

So die letzte große Hoffnung
Mit aufgehendem Licht zerbrochen –
Wandle – allein daheim.

Nachtklänge

Das nächtliche Himmelsspiel:
Leuchtend, funkelnd
Wirkt weit in allen Farben.

Sterne
Sternschnuppen
Die durch den Kosmos jagen
Die ohne nachzufragen
In unbekannte Ferne reisen –
Welches Treiben erwartet sie?

Nachtklänge, die sanften, leisen
Verstärken die Sehnsucht –
Nach einem warmen, hellen Tag.

Über den Autoren

Philip Bartetzko, geboren 1992 in Aachen, ist Dichter und Musiker. Seine Gedichte werden regelmäßig in verschiedenen Literaturmagazinen und Anthologien publiziert, unter anderem im Bereich Fantasy und Science-Fiction. Bei Auftritten kombiniert er seine Texte häufig mit eigenen Klavierstücken. Mit *Jeder Moment* erscheint sein dritter Lyrikband.